下尺丹几乙し丹下と

Translated Language Learning

翻訳しよう

Translated Language Learning

猿の足
saru no ashi
The Monkey's Paw

W.W.ジェイコブス

W.W. Jacobs

日本語 / Nihongo / English

Copyright © 2023 Tranzlaty
All rights reserved.
Published by Tranzlaty
ISBN: 978-1-83566-265-6
Original text by W.W. Jacobs
The Monkey's Paw
First published in English in 1902
www.tranzlaty.com

パート1
Part One

夜の外は寒くて濡れていました
yoru no gai wa samuku te nure te iya mashi ta
outside the night was cold and wet

しかし、すべてがラバーナムヴィラの小さなパーラーで順調でした
shikashi 、 subete ga labar nam vila no chiisana paler de junchou deshi ta
but all was well in the small parlour of Laburnam Villa

火は明るく燃え、ブラインドが引かれました
hi wa akaruku moe 、 brind ga hika re mashi ta
the fire burned brightly and the blinds were drawn

白髪のおばあさんは火のそばで編んでいた
shiraga no obasan wa hi no soba de an de iya ta
the white-haired old lady was knitting by the fire

そして父と息子はチェスをするのに忙しかった
soshite chichi to musuko wa chess wa suru nonie isogashikatsu ta
and father and son were busy playing chess

父親は危険なゲームをするのが好きでした
chichioya wa kiken nani game wa suru no ga suki deshi ta
the father liked to play the game dangerously

彼はしばしば彼の王を不必要な危険にさらしました
kare wa shibashiba kare no ou wa fu hitsuyo nani kiken ni sarashi mashi ta
he often put his king into unnecessary perils

そして今回、彼は王を露出させすぎていました
soshite konkai 、 kare wa ou wa roshutsu sa se sugi te iya mashi ta
and this time he had left the king too exposed

彼は自分が犯した間違いを見ていました
kare wa jibun ga okashi ta machigai wa mi te iya mashi ta
he had seen the mistake he made

しかし、それを変更するには遅すぎました
shikashi 、 sore wa henkou suru ni wa osoi sugi mashi ta
but it was too late to change it

「風を吹く!」ホワイト氏は愛想よく言った
" kaze wa fuku ! " white shi wa aiso yoku itsu ta
"Hark at the wind!" said Mr. White, amiably

彼は息子が間違いを見るのをそらそうとしました
kare wa musuko ga machigai wa miru no wa soraso u to shi mashi ta
he tried to distract his son from seeing the mistake

「聞いています」と息子は言いました
" kii te iya masu " to musuko wa ii mashi ta
"I'm listening," said the son

彼はボードを厳しく調査していましたが
kare wa board wa kibishiku chousa shi te iya mashi ta ga
although he was grimly surveying the board

彼は王を抑えた
kare wa ou wa osae ta
he put the king into check

「彼が今夜来るとは想像できません」と彼の父親は言いました
" kare ga konya kuru to wa souzou deki mase nichi " to kare no chichioya wa ii mashi ta
"I can't imagine he'll come tonight," said his father

そして彼はボードに手を置いて行きました
soshite kare wa board ni te wa oi te iki mashi ta
and he went to put his hand to the board

「そしてチェックメイト」と息子は付け加えた
" soshite check mate " to musuko wa tsukekuwae ta
"and check mate," added the son

ホワイト氏は一瞬怒りに打ちのめされました
white shi wa isshun ikari ni uchinomesa re mashi ta
Mr. White was quite overcome with anger for a moment

「それが遠くに住むことの問題です!」
" sore ga tooku ni sumu koto no mondai desu ! "
"That's the problem with living so far out!"

「住むのにとても獣のような場所です」
" sumu no ni totemo juu no you nani basho desu "
"it's such a beastly place to live in"

「そして、それは物事の邪魔にならないほど遠いです」
" soshite 、 sore wa monogoto no jama ni nara nai hodo tooi desu "
"and it's too far out of the way of things"

「家への道は沼地です」
" ie he no michi wa numachi desu "
"The pathway to the house is a bog"

「そして、道路はおそらく今では急流です」
" soshite 、 douro wa osoraku ima de wa kyuuryuu desu "
"and the road's probably a torrent by now"

「人々が何を考えていたのかわかりません!」
" hitoodoriji ga nani wa kangae te iya ta no ka wakari mase nichi ! "
"I don't know what the people were thinking!"

「おそらく、道路に2軒しか家が貸し出されていないからでしょう」
" osoraku 、 douro ni 2 ken shika ie ga kashidasa re te iya nai kara desho u "
"perhaps because only two houses in the road are let"

「彼らはそれが問題ではないと思っているに違いない」
" karera wa sore ga mondai de wa nai to omotsu te iru ni chigai nai "
"they must think that it doesn't matter"

「気にしないで、親愛なる」と彼の妻はなだめるように言った
" ki ni shi nai de 、 shinai naru " to kare no tsuma wa nadameru you ni itsu ta
"Never mind, dear," said his wife, soothingly

「おそらくあなたは次のゲームに勝つでしょう」
" osoraku anata wa ji no game ni katsu desho u "
"perhaps you'll win the next game"

母と息子は知っている視線を共有しました
haha to musuko wa shitsu te iru shisen wa kyouyuu shi mashi ta
mother and son shared a knowing glance

ホワイト氏は気づくのにちょうど間に合うように見上げた
white shi wa kidzuku no ni chodo maniau you ni miage ta
Mr. White looked up just in time to notice

その言葉は彼の唇で消えた
sono kotoba wa kare no kuchibiru de kie ta
The words died away on his lips

彼は薄い灰色のあごひげに罪悪感のある笑みを隠した
kare wa usui haiiro no agohige ni zaiaku kan no aru emi wa kakushi ta
he hid a guilty grin in his thin grey beard

門で大きな音がした
mon de ookina on ga shi ta
there was a loud bang at the gate

「彼はそこにいます」とハーバート・ホワイトは言いました
kare wa soko ni iya masu " to herbartwhite wa ii mashi ta
"There he is," said Herbert White

そして重い足音がドアに向かって来ました
soshite omoi ashioto ga doa ni mukatsu te rai mashi ta
and heavy footsteps came towards the door

老人は親切な速攻で立ち上がった
roujin wa shinsetsu nani sokkou de tachiagatsu ta
The old man rose with hospitable haste

彼は友人のためにドアを開けた
kare wa yuujin no tame ni doa wa ake ta
he opened the door for his friend

そして彼は新しい到着に哀悼の意を表されているのを聞いた
soshite kare wa atarashii tochaku ni aitou no i wa arawasa re te iru no wa kii ta
and he was heard condoling with the new arrival

最終的にホワイト夫人は男性を呼びました
saishu teki ni white fujin wa dansei wa yobi mashi ta
eventually Mrs. White called the men in

夫が部屋に入ると、彼女は優しく咳をした
otto ga heya ni hairu to 、 kanojo wa yasashiku seki wa shi ta
she coughed gently as her husband entered the room

彼の後には背の高い、たくましい男が続いた
kare no go ni wa se no takai 、 takumashi otoko ga tsudzui ta
he was followed by a tall, burly man

彼は目のビーズであり、ルビカンドの顔でした
kare wa me no biz de ari 、 rubikundo no kao deshi ta
he was beady of eye, and rubicund of visage

「モリス曹長」と彼は友人を紹介しながら言った
" *moris souchou* " to kare wa yuujin wa shokai shi nagara itsu ta
"Sergeant-Major Morris," he said, introducing his friend

曹長は握手をした
souchou wa akushu wa shi ta
The sergeant-major shook hands

そして彼は火のそばに差し出された席に着いた
soshite kare wa hi no soba ni sashidasa re ta seki ni tsui ta
and he took the proffered seat by the fire

彼のホストはウイスキーとタンブラーを取り出しました
kare no host wa wisky to tambler wa toridashi mashi ta

his host got out the whiskey and tumblers
そして彼は小さな銅のやかんを火にかけました
soshite kare wa chiisana dou no yakan wa hi ni kake mashi ta
and he put a small copper kettle on the fire

彼の3番目のウイスキーの後、彼の目は明るくなりました
kare no dai3 no wisky no go 、 kare no me wa akaruku nari mashi ta
After his third whiskey his eyes got brighter
そして徐々に彼はより自由に話し始めました
soshite suhodoriji ni kare wa yori jiyuu ni hanashi hajime mashi ta
and gradually he began to talk more freely
小さな家族は訪問者を一周しました
chiisana kazoku wa houmon mono wa isshuu shi mashi ta
the little family circled their visitor
彼は広い肩を椅子に乗せた
kare wa hiroi kata wa isu ni nose ta
he squared his broad shoulders in the chair
そして彼は野生のシーンと卑劣な行為について話しました
soshite kare wa yasei no sheen to hiretsu nani koui nitsuite hanashi mashi ta
and he spoke of wild scenes and doughty deeds
彼は戦争と疫病と奇妙な人々について話しました
kare wa sensou to ekibyou to kimyou nani hitoodoriji nitsuite hanashi mashi ta
he spoke of wars and plagues and strange peoples
「21年です」とホワイト氏は言いました
" 21toshi desu " to white shi wa ii mashi ta
"Twenty-one years of it," said Mr. White
そして彼は妻と息子にうなずいた
soshite kare wa tsuma to musuko ni unazui ta
and he nodded to his wife and son
「彼はちょうどその時倉庫で働いていました」
" kare wa chodo sono ji souko de hatarai te iya mashi ta "
"he was just working in the warehouse then"
「彼が去ったとき、彼はただの若者でした」
" kare ga satsu ta toki 、 kare wa tadai no wakamono deshi ta "
"When he went away he was just a youth"
「今、彼を見てください、これらすべての年の後」

" ima 、 kare wa mi te kudasai 、 korera subete no toshi no go "
"Now look at him, after all these years"

ホワイト夫人は丁寧にお世辞を言ったが。
white fujin wa teinei ni o seji wa itsu ta ga .
although Mrs. White politely flattered him;

「彼はあまりダメージを受けているようには見えません」
" kare wa amari damaj wa uke te iru you ni wa mie mase nichi "
"He doesn't look like he has been too damaged"

「自分でインドに行きたい」と老人は言った
" jibun de ind ni iki tai " to roujin wa itsu ta
"I'd like to go to India myself," said the old man

「ちょっと見回すだけですね」
" chotto mimawasu dake desu ne "
"just to look around a bit, you know"

しかし、曹長はそれに反対するように忠告した
shikashi 、 souchou wa sore ni hantai suru you ni chuukoku shi ta
but the sergeant-major advised against it

「あなたはあなたがいる場所のほうがいいです」
" anata wa anata ga iru basho no hou ga ii desu "
"you're better off where you are"

彼はその記憶に首を横に振った
kare wa sono kioku ni kubi wa yoko ni futsu ta
he shook his head at the memory

彼は空のウイスキーのグラスを置いた
kare wa kuu no wisky no glass wa oi ta
He put down the empty glass of whiskey

そっとため息をついて、彼は再び首を横に振った
sotto tameiki wa tsui te 、 kare wa futatabi kubi wa yoko ni futsu ta
sighing softly, he shook his head again

しかし、老人はそれを夢見続けました
shikashi 、 roujin wa sore wa yumemi tsuzuke mashi ta
but the old man continued to dream of it

「あの古いお寺を見てみたい」
" ano furui otera wa mi te mi tai "
"I would like to see those old temples"

「そして、私はファキールとジャグラーを見たいです」
" soshite 、 watashi wa fa keel to jagler wa mi tai desu "
"and I'd like to see the fakirs and jugglers"

「先日、あなたは私に何を言っていましたか?」

" senjitsu 、 anata wa watashi ni nani wa itsu te iya mashi ta ka ? "
"What is it you were telling me the other day?"
それは猿の足について何かではなかったのですか、モリス?
" sore wa saru no ashi nitsuite nani ka de wa nakatsu ta no desu ka 、 moris ? "
"wasn't it something about a monkey's paw, Morris?"
「何もない」と兵士は急いで言った
" nani mo nai " to heishi wa isoi de itsu ta
"Nothing," said the soldier, hastily
「聞く価値はありません」
" kiku kachi wa ari mase nichi "
"it's nothing worth hearing about"
「猿の足?」ホワイト夫人は不思議そうに言った
" saru no ashi ? " white fujin wa fushigi sou ni itsu ta
"a monkey's paw?" said Mrs. White, curiously
曹長は彼が少し説明しなければならないことを知っていました
souchou wa kare ga sukoshi setsumei shi nakere ba nara nai koto wa shitsu te iya mashi ta
the sergeant-major knew he had to explain a little
「まあ、それはあなたが魔法と呼ぶかもしれないもののほんの一部です」
" maa 、 sore wa anata ga mahou to yobu kamo shire nai monono honno ichibu desu "
"Well, it's just a bit of what you might call magic"
彼の3人のリスナーは熱心に前かがみになりました
kare no 3 hito no lisner wa nesshin ni maekagami ni nari mashi ta
His three listeners leaned forward eagerly
訪問者は空のグラスを唇に当てました
houmon mono wa kuu no glass wa kuchibiru ni ate mashi ta
The visitor put his empty glass to his lips
一瞬、彼は自分がどこにいるのか忘れていました
isshun 、 kare wa jibun ga doko ni iru no ka wasure te iya mashi ta
for a moment he had forgot where he was
そして彼は再びグラスを置きました
soshite kare wa futatabi glass wa oki mashi ta
and then he put the glass down again
彼のホストは親切に彼のためにグラスを補充しました
kare no host wa shinsetsu ni kare no tame ni glass wa hojuu shi

mashi ta
His host kindly refilled the glass for him
彼はポケットの中で何かを探しました
kare wa pocket no naka de nani ka wa sagashi mashi ta
he fumbled in his pocket for something
「見ると、それは普通の小さな足です」
" *miru to* 、 *sore wa futsuu no chiisana ashi desu* "
"To look at, it's just an ordinary little paw"
「それはほとんどミイラに乾いてしまった」
" *sore wa hotondo milla ni kawai te shimatsu ta* "
"it has all but dried to a mummy"
そして彼はポケットから何かを取り出しました
soshite kare wa pocket kara nani ka wa toridashi mashi ta
and he took something out of his pocket
彼はそれを望む人にそれを提供しました
kare wa sore wa nozomu hito ni sore wa teikyou shi mashi ta
he offered it to anyone who wanted it
ホワイト夫人はしかめっ面で引き戻した
white fujin wa shikamettsura de hikimodoshi ta
Mrs. White drew back with a grimace
しかし、彼女の息子はその機会に躊躇しませんでした
shikashi 、 *kanojo no musuko wa sono kikai ni chuucho shi mase nichi deshi ta*
but her son didn't hesitate at the opportunity
そして彼はゲストから猿の足を取りました
soshite kare wa gest kara saru no ashi wa tori mashi ta
and he took the monkey paw from the guest
彼は大きな好奇心でそれを調べました
kare wa ookina koukishin de sore wa shirabe mashi ta
he examined it with great curiosity
すぐに彼のお父さんが猿の足を握る番でした
sugu ni kare no otosan ga saru no ashi wa nigiru ban deshi ta
soon it was his dad's turn to hold the monkey paw
それを調べた後、彼はそれをテーブルの上に置いた
sore wa shirabe ta go 、 *kare wa sore wa table no ue ni oi ta*
having examined it, he placed it upon the table
「そして、それについて何がそんなに特別なのですか?」と彼は尋ねました
" *soshite* 、 *sore nitsuite nani ga sonnani tokubetsu nani no desu ka*

? " to kare wa tazune mashi ta
"And what is so special about it?" he asked

「それは呪文をかけていました」と曹長は言いました
" sore wa jumon wa kake te iya mashi ta " to souchou wa ii mashi ta
"It had a spell put on it," said the sergeant-major

「彼は古いファキールでした。とても聖なる人"
" kare wa furui fa keel deshi ta .totemo seinaru hito "
"he was an old fakir; a very holy man"

「そして彼は人々にレッスンを教えたかった」
" soshite kare wa hitoodoriji ni lesson wa oshie takatsu ta "
"and he wanted to teach people a lesson"

「彼は運命が私たちの生活を支配していることを示したかったのです」
" kare wa unmei ga watashi tachi no seikatsu wa shihai shi te iru koto wa shimeshi takatsu ta no desu "
"He wanted to show that fate ruled our lives"

「運命に干渉しないでください」と彼は警告した
" unmei ni kanshou shi nai de kudasai " to kare wa keikoku shi ta
"don't interfere with fate," he warned

「それで彼は足に呪文をかけました」
" sorede kare wa ashi ni jumon wa kake mashi ta "
"so he put a spell on the paw"

「3人の男が猿の足を持つことができた」
" 3 hito no otoko ga saru no ashi wa motsu koto ga deki ta "
"three men could have the monkey paw"

「彼らはそれぞれそれから3つの願いを持つことができます」
" karera wa sorezore sore kara 3 tsu no negai wa motsu koto ga deki masu "
"they could each have three wishes from it"

彼の聴衆はその話をとても面白いと感じました
kare no choushuu wa sono banashi wa totemo omoshiroi to kanji mashi ta
his audience found the story quite funny

しかし、彼らの笑いはすぐに不適切に感じました
shikashi 、 karera no warai wa sugu ni futekisetsu ni kanji mashi ta
but their laughter quickly felt inappropriate

ストーリーテラーは確かに笑っていませんでした
storyteller wa tashika ni waratsu te iya mase nichi deshi ta
the story teller certainly wasn't laughing

ハーバートは部屋の雰囲気を明るくしようとしました

herbert wa heya no funiki wa akaruku shiyo u to shi mashi ta
Herbert tried to lighten the mood in the room

「さて、なぜあなたは3つの願いを持っていないのですか、サー?」
" sate 、 naze anata wa 3 tsu no negai wa motsu te iya nai no desu ka 、 sa ? "
"Well, why don't you have three wishes, sir?"

経験のある人は彼らについて静かです
keiken no aru hito wa karera nitsuite shizuka desu
those with experience have a quiet about them

兵士は冷静に若者を見ました
heishi wa reisei ni wakamono wa mi mashi ta
the soldier calmly regarded the youth

「願い事はありました」と彼は静かに言った
" negaigoto wa ari mashi ta " to kare wa shizuka ni itsu ta
"I've had my wishes," he said, quietly

そして彼のしみのある顔は真っ白になりました
soshite kare no shimi no aru kao wa masshiro ni nari mashi ta
and his blotchy face turned a grave white

「そして、あなたは本当に3つの願いを叶えましたか?」
" soshite 、 anata wa hontouni 3 tsu no negai wa kanae mashi ta ka ? "
"And did you really have the three wishes granted?"

「私は私の願いを叶えました」と曹長は確認しました
" watashi wa watashi no negai wa kanae mashi ta " to souchou wa kakunin shi mashi ta
"I had my wishes granted," confirmed the sergeant-major

「他に誰かが望みましたか?」老婦人は尋ねました
" hoka ni dareka ga nozomi mashi ta ka ? " rou fujin wa tazune mashi ta
"And has anybody else wished?" asked the old lady

「最初の男には3つの願いがありました」と答えました
" saishonoonna ni wa 3 tsu no negai ga ari mashi ta " to kotae mashi ta
"The first man had his three wishes," was the reply

「最初の2つの願いが何だったのかわかりません」
" saisho no 2 tsu no negai ga nani datsu ta no ka wakari mase nichi "
"I don't know what the first two wishes were"

「しかし、第三の願いは死でした」

" shikashi 、 daisan no negai wa shi deshi ta "
"but the third wish was for death"

「それが私が猿の足を手に入れた方法です」
" sore ga watashi ga saru no ashi wa te ni ire ta houhou desu "
"That's how I got the monkey's paw"

彼の口調は非常に深刻になっていた
kare no kuchou wa hijou ni shinkoku ni natsu te iya ta
His tones had gotten very grave

暗い静けさがグループに降りかかった
kurai shizukesa ga group ni ori kakatsu ta
a dark hush fell upon the group

「あなたには3つの願いがありました」とホワイト氏は考えました
" anata ni wa 3 tsu no negai ga ari mashi ta " to white shi wa kangae mashi ta
"you've had your three wishes," pondered Mr. White

「今はあなたには良くありません、それなら、モリス」
" ima wa anata ni wa yoku ari mase nichi 、 sorenara 、 moris "
"it's no good to you now, then, Morris"

「何のために保管しているの?」
" nani no tame ni hokan shi te iru no ? "
"What do you keep it for?"

兵士は首を横に振った
heishi wa kubi wa yoko ni futsu ta
The soldier shook his head

「それは思い出させるものだと思います」と彼はゆっくりと言いました
" sore wa omoidasa seru mono da to omoi masu " to kare wa yukkuri to ii mashi ta
"it's a reminder, I suppose," he said, slowly

「売るアイデアはあった」
" uru aidea wa atsu ta "
"I did have some idea of selling it"

「でも売るとは思わない」
" demo uru to wa omowa nai "
"but I don't think I will sell it"

「それはすでに十分ないたずらを引き起こしました」
" sore wa sudeni juubun nani itazura wa hikiokoshi mashi ta "
"It has caused enough mischief already"

「その上、人々はそれを買わないでしょう」
" sono ue 、 hitoodoriji wa sore wa kawa nai desho u "
"Besides, people won't buy it"

「彼らはそれがおとぎ話だと思っています」
" karera wa sore ga otogibanashi da to omotsu te iya masu "
"They think it's a fairy tale"

「他の人より少し好奇心が強い人もいます」
" hoka no hito yori sukoshi koukishin ga tsuyoi hito mo iya masu "
"some are a little more curious than others"

「しかし、彼らは私に支払う前にまずそれを試してみたいのです」
" shikashi 、 karera wa watashi ni shiharau mae ni mazu sore wa tameshi te mi tai no desu "
"but they want to try it first before paying me"

老人は純粋な好奇心で彼に尋ねた
roujin wa junsui nani koukishin de kare ni tazune ta
the old man asked him with genuine curiosity

「もう3つの願い事が欲しいですか?」
" mo 3 tsu no negaigoto ga hoshii desu ka ? "
"would you want to have another three wishes?"

「わかりません...」兵士は言った、「わからない」
" wakari mase nichi ... "heishi wa itsu ta 、 " wakara nai "
"I don't know..." said the soldier, "I don't know"

彼はテーブルから足を取った
kare wa table kara ashi wa totsu ta
He took the paw from the table

そして彼はそれを人差し指と親指の間にぶら下げました
soshite kare wa sore wa hitosashiyubi to oyayubi no ma ni burasage mashi ta
and he dangled it between his forefinger and thumb

突然彼はそれを火の中に投げ入れた
totsuzen kare wa sore wa hi no naka ni nageire ta
suddenly he threw it into the fire

家族は驚きとショックで叫びました
kazoku wa odoroki to shock de sakebi mashi ta
the family cried out in surprise and shock

しかし、何よりも彼らは後悔して叫びました
shikashi 、 nani yori mo karera wa koukai shi te sakebi mashi ta

but most of all they cried out with regret
ホワイト氏は身をかがめて火をひったくった
white shi wa mi wa kagame te hi wa hittakutsu ta
Mr White stooped down and snatched it out the fire
「燃やしたほうがいい」と兵士は言った
" moyashi ta hou ga ii " to heishi wa itsu ta
"Better let it burn," said the soldier
「あなたがそれを望まないのなら、モリス、私にそれを与えてください」
" anata ga sore wa nozoma nai no nara 、 moris 、 watashi ni sore wa atae te kudasai "
"If you don't want it, Morris, give it to me"
「私はあなたにそれを与えません」と彼の友人は頑固に言いました
" watashi wa anata ni sore wa atae mase nichi " to kare no yuujin wa ganko ni ii mashi ta
"I won't give it to you," said his friend, doggedly
「火にかけるつもりだった」
" hi ni kakeru tsumori datsu ta "
"I meant to throw it on the fire"
「あなたがそれを保つならば、何が起こったかについて私を責めないでください」
" anata ga sore wa tamotsu nara ba 、 nani ga okotsu ta ka nitsuite watashi wa seme nai de kudasai "
"If you keep it, don't blame me for what happens"
「賢明な男のように再び火に投げなさい」
" kenmei nani otoko no you ni futatabi hi ni nage nasai "
"Pitch it on the fire again like a sensible man"
しかし、老人は首を横に振った
shikashi 、 roujin wa kubi wa yoko ni futsu ta
but the old man shook his head
代わりに、彼は自分の新しい所有物を綿密に調べました
kawari ni 、 kare wa jibun no atarashii shoyuu mono wa menmitsu ni shirabe mashi ta
instead, he examined his new possession closely
「どうやってやるの?」と彼は尋ねた
" dou yatsu te yaru no ? " to kare wa tazune ta
"How do you do it?" he inquired
「右手でかざさなければならない」

" migite de kazasa nakere ba nara nai "
"you have to hold it up in your right hand"
「それなら、あなたは声を出して願わなければなりません」
と曹長は言いました
" sorenara 、 anata wa koe wa dashi te negawa nakere ba nari mase nichi " to souchou wa ii mashi ta
"then you have to wish aloud," said the sergeant-major
「しかし、私はあなたに結果について警告します」
" shikashi 、 watashi wa anata ni kekka nitsuite keikoku shi masu "
"but I warn you of the consequences"
「アラビアンナイトのようですね」とホワイト夫人は言った
" arabian night no you desu ne " to white fujin wa itsu ta
"Sounds like the Arabian Nights," said Mrs. White
そして彼女は立ち上がって夕食をセットし始めました
soshite kanojo wa tachiagatsu te yuushoku wa set shi hajime mashi ta
and she rose and began to set the supper
「私のために、あなたは4組の手を望むことができます」
" watashi no tame ni 、 anata wa 4 gumi no te wa nozomu koto ga deki masu "
"you could wish for four pairs of hands, for me"
彼女の夫はお守りを掲げました
kanojo no otto wa omamori wa kakage mashi ta
Her husband held the talisman up
曹長は彼を腕で捕まえた
souchou wa kare wa ude de tsukamae ta
the sergeant-major caught him by the arm
そして彼は彼の顔に警戒の表情を浮かべた
soshite kare wa kare no kao ni keikai no hyoujou wa ukabe ta
and he had a look of alarm on his face
そして、3人とも笑い出した
soshite 、 3 hito to mo warai dashi ta
and then all three burst into laughter
しかし、ゲストは彼のホストほど面白がっていませんでした
shikashi 、 gest wa kare no host hodo omoshiro gatsu te iya mase nichi deshi ta
but the guest was not as amused as his hosts
「あなたが望む必要があるなら、賢明な何かを望みなさい」
" anata ga nozomu hitsuyo ga aru nara 、 kenmei nani nani ka wa

nozomi nasai "
"If you must wish, wish for something sensible"

ホワイト氏は前足をポケットに落としました
white shi wa maeashi wa pocket ni otoshi mashi ta
Mr. White dropped the paw into his pocket

夕食はほぼ準備されていました
yuushoku wa hobo junbi sa re te iya mashi ta
supper had now almost been set up

ホワイト氏はテーブルの周りに椅子を置いた
white shi wa table no mawari ni isu wa oi ta
Mr White placed the chairs around the table

そして彼は友人に来て食事をするように促した
soshite kare wa yuujin ni rai te shokuji wa suru you ni unagashi ta
and he motioned his friend to come and eat

夕食はお守りよりも面白くなりました
yuushoku wa omamori yori mo omoshiroku nari mashi ta
supper became more interesting than the talisman

そしてお守りは部分的に忘れられていました
soshite omamori wa bubun teki ni wasure ra re te iya mashi ta
and the talisman was partly forgotten

とにかく、インドからの物語がもっとありました
tonikaku 、 ind kara no monogatari ga motto ari mashi ta
anyway, there were more tales from India

そしてゲストは他の話で彼らを楽しませました
soshite gest wa hoka no banashi de karera wa tanoshima se mashi ta
and the guest entertained them with other stories

夜はとても楽しかったです
yoru wa totemo tanoshikatsu ta desu
the evening had been very enjoyable

モリスは終電に乗るのにちょうど間に合うように出発しました
moris wa shuuden ni noru nonie chodo maniau you ni shuppatsu shi mashi ta
Morris left just in time to catch the last train

ハーバートは物語に最も楽しまれていました
herbert wa monogatari ni mottomo tanoshima re te iya mashi ta
Herbert had been most entertained by the stories

「彼が私たちに語ったすべての話が真実であると想像してみ

てください」
" kare ga watashi tachi ni katatsu ta subete no banashi ga shinjitsu de aru to souzou shi te mi te kudasai "
"imagine if all the stories he told us are true"

「猿の足が本当に魅了されたと想像してみてください」
" saru no ashi ga hontouni miryo sa re ta to souzou shi te mi te kudasai "
"imagine if the monkey's paw really was enchanted"

「私たちは塩のピンチでそれを取ります」
" watashi tachi wa shio no pinch de sore wa tori masu "
"we shall take it with a pinch of salt"

ホワイト夫人もそれに興味を持っていました
white fujin mo sore ni kyoumi wa motsu te iya mashi ta
Mrs. White was curious about it too

「お父さん、彼に何か与えましたか?」
" otosan 、 kare ni nani ka atae mashi ta ka ? "
"Did you give him anything for it, father?"

そして彼女は夫を注意深く見ました
soshite kanojo wa otto wa chuuibukaku mi mashi ta
and she watched her husband closely

「ささいなことです」と彼は少し色を塗って言った
" sasai nani koto desu " to kare wa sukoshi iro wa nutsu te itsu ta
"A trifle," said he, colouring slightly

「彼はそれを望んでいませんでしたが、私は彼にそれを取らせました」
" kare wa sore wa nozon de iya mase nichi deshi ta ga 、 watashi wa kare ni sore wa tora se mashi ta "
"He didn't want it, but I made him take it"

「そして彼はそれを捨てるように私に再び圧力をかけた」
" soshite kare wa sore wa suteru you ni watashi ni futatabi atsuryoku wa kake ta "
"And he pressed me again to throw it away"

「あなたはそうしなければなりません!」ハーバートは恐怖のふりをして言いました
" anata wa sou shi nakere ba nari mase nichi ! " herbert wa kyofu no furi wa shi te ii mashi ta
"you must!" said Herbert, with pretended horror

「なぜ、私たちは金持ちになり、有名で幸せになるだろう」
" naze 、 watashi tachi wa kanemochi ni nari 、 yuumei de

shiawase ni naru darou u "
"Why, we're going to be rich, and famous and happy"

「お父さん、天皇になりたいと願い事をしてください」
" otosan 、 tenno ni nari tai to negaigoto wa shi te kudasai "
"you should make the wish to be an emperor, father"

そして彼は冗談を終えるためにテーブルの周りを走り回らなければなりませんでした
soshite kare wa joudan wa oeru tame ni table no mawari wa hashiri kaira nakere ba nari mase nichi deshi ta
and he had to run around the table to finish the joke

「それならあなたは鶏につつかれることはありません」
" sorenara anata wa tori ni tsutsuka reru koto wa ari mase nichi "
"then you won't be pecked by the hens"

彼のお母さんはふきんで彼を追いかけていました
kare no okaasan wa fukin de kare wa oikake te iya mashi ta
his mum was chasing him with a dishcloths

ホワイト氏はポケットから足を取り出しました
white shi wa pocket kara ashi wa toridashi mashi ta
Mr. White took the paw from his pocket

彼はミイラ化した猿の足を怪しげに見つめた
kare wa milla ka shi ta saru no ashi wa ayashige ni mitsume ta
he eyed the mummified monkey's paw dubiously

「何を願えばいいのかわからない」
" nani wa negae ba ii no ka wakara nai "
"I don't know what to wish for"

「それは事実です」と彼はゆっくりと言った
" sore wa jijitsu desu " to kare wa yukkuri to itsu ta
"and that's a fact," he said, slowly

「欲しいものはすべて揃っているようです」
" hoshii mono wa subete sorotsu te iru you desu "
"It seems to me I've got all I want"

「しかし、あなたは家を完済することができます」とハーバートは提案しました
" shikashi 、 anata wa ie wa kansai suru koto ga deki masu " to herbert wa teian shi mashi ta
"but you could pay off the house," suggested Herbert

「その時、あなたがどれほど幸せになるか想像してみてください!」
" sono ji 、 anata ga dorehodo shiawase ni naru ka souzou shi te mi

te kudasai！"
"imagine how happy you'd be then!"

「いい言い方だね」とお父さんは笑った
ii iikata da ne " to otosan wa waratsu ta
"you make a good point," his dad laughed

「じゃあ、200ポンドをお願いします」
" jaa 、 200 pond wa onegai shi masu "
"Well, wish for two hundred pounds, then"

「住宅ローンにはそれで十分だろう」
" juutaku rone ni wa sore de juubun darou u "
"that would be enough for the mortgage"

彼は自分の信憑性に顔を赤らめなければなりませんでした
kare wa jibun no shinhyousei ni kao wa akarame nakere ba nari mase nichi deshi ta
he had to blush at his own credulity

しかし、彼は右手でお守りを掲げました
shikashi 、 kare wa migite de omamori wa kakage mashi ta
but he held up the talisman with his right hand

彼の息子は父親に厳粛な顔を見せた
kare no musuko wa chichioya ni genshuku nani kao wa mise ta
his son showed a solemn face to his father

しかし、横に、彼は母親にウインクしました
shikashi 、 yoko ni 、 kare wa hahaoya ni wink shi mashi ta
but, to the side, he winked to his mother

そして彼はピアノの前に座った
soshite kare wa piano no mae ni suwatsu ta
and he sat down at the piano

そして彼はいくつかの深刻な響きの和音を打ちました
soshite kare wa ikutsu ka no shinkoku nani hibiki no waon wa uchi mashi ta
and he struck a few serious sounding chords

老人ははっきりと彼の願いをしました
roujin wa hakkiri to kare no negai wa shi mashi ta
the old man distinctly made his wish

「私は200ポンドを望みます」
" watashi wa 200 pond wa nozomi masu "
"I wish for two hundred pounds"

ピアノからの素晴らしいクレッシェンドがその言葉を迎えました

piano kara no subarashii cressiendo ga sono kotoba wa mukae mashi ta

A fine crescendo from the piano greeted the words

しかし、その時、老人から震える叫び声が聞こえました
shikashi 、 sono ji 、 roujin kara furueru sakebigoe ga kikoe mashi ta
but then a shuddering cry came from the old man

彼の妻と息子は彼に向かって走った
kare no tsuma to musuko wa kare ni mukatsu te hashitsu ta
His wife and son ran towards him

「それは動いた」と彼は叫んだ、「手が動いた!」
" sore wa ugoi ta " to kare wa saken da 、 " te ga ugoi ta ! "
"It moved," he cried, "the hand moved!"

彼は床の上の物体を嫌悪感を持って見ました
kare wa yuka no ue no buttai wa keno kan wa motsu te mi mashi ta
he looked with disgust at the object on the floor

「私が願い事をしたとき、それは私の手でねじれました」
" watashi ga negaigoto wa shi ta toki 、 sore wa watashi no te de nejire mashi ta "
"As I made my wish it twisted in my hand"

「それは蛇のように私の手の中で動いた」
" sore wa hebi no you ni watashi no te no naka de ugoi ta "
"it moved in my hand like a snake"

「まあ、私はお金を見ません」と彼の息子は言いました
" maa 、 watashi wa okane wa mi mase nichi " to kare no musuko wa ii mashi ta
"Well, I don't see the money," said his son

彼は床から足を摘んだ
kare wa yuka kara ashi wa tsun da
he picked the paw from the floor

そして彼は枯れた手をテーブルに置いた
soshite kare wa kare ta te wa table ni oi ta
and he placed the withered hand on the table

「そして、私は決してお金を見ることはないに違いない」
" soshite 、 watashi wa kesshite okane wa miru koto wa nai ni chigai nai "
"and I bet I never shall see the money"

「お父さん、それはあなたの空想だったに違いありません」と彼の妻は言いました

" otosan 、 sore wa anata no kuusou datsu ta ni chigai ari mase nichi " to kare no tsuma wa ii mashi ta
"It must have been your fancy, father," said his wife
「想像力にはトリックの遊び方がある」
" souzou chikara ni wa trick no asobi hou ga aru "
"imaginations do have a way of playing tricks"
しかし、彼女は彼を心配そうに見続けました
shikashi 、 kanojo wa kare wa shinpai sou ni mi tsuzuke mashi ta
but she continued to regard him anxiously
彼は落ち着きを取り戻し、首を横に振った
kare wa ochitsuki wa torimodoshi 、 kubi wa yoko ni futsu ta
He collected his calm and shook his head
「気にしないでください、しかし、害はありません」
" ki ni shi nai de kudasai 、 shikashi 、 gai wa ari mase nichi "
"Never mind, though, there's no harm done"
「しかし、それは私にかなりのショックを与えました」
" shikashi 、 sore wa watashi ni kanari no shock wa atae mashi ta "
"but it did give me quite a shock"

彼らは再び火のそばに座った
karera wa futatabi hi no soba ni suwatsu ta
They sat down by the fire again
二人の男は残りのパイプを吸った
ni hito no otoko wa nokori no pipe wa sutsu ta
the two men smoked the rest of their pipes
外は、これまで以上に風が強かった
gai wa 、 kore made ijou ni kaze ga tsuyokatsu ta
outside, the wind was stronger than ever
老人は一晩中端にいました
roujin wa ichi ban chuutan ni iya mashi ta
the old man was on edge all night
二階のドアがバタンと閉まりました
ni kai no doa ga batan to shimari mashi ta
a door upstairs shut itself with a bang
そして彼はほとんど彼の肌から飛び出しました
soshite kare wa hotondo kare no hada kara tobidashi mashi ta
and he almost jumped out of his skin
珍しく憂鬱な沈黙が部屋に落ち着いた
mezurashiku yuuutsu nani chinmoku ga heya ni ochitsui ta

an unusual and depressing silence settled upon the room
最終的にハーバートはその夜引退した
saishu teki ni herbert wa sono yoru intai shi ta
eventually Herbert retired for the night
しかし、彼はもう少し彼らをからかわずにはいられませんでした
shikashi 、 kare wa mosukoshi karera wa karakawa zu ni haira re mase nichi deshi ta
but he couldn't help teasing them a little more
「私はあなたが現金を縛っているのを見つけることを期待しています」
" watashi wa anata ga genkin wa shibatsu te iru no wa mitsukeru koto wa kitai shi te iya masu "
"I expect you'll find the cash tied up"
「それはすべてあなたのベッドの真ん中にあるでしょう」
" sore wa subete anata no bed no mannaka ni aru desho u "
"it'll all be in the middle of your bed"
「しかし、あなたの部屋には恐ろしいものがあります」
" shikashi 、 anata no heya ni wa osoroshii mono ga ari masu "
"but there'll be something horrible in your room"
「ワードローブの上にしゃがむことになります」
" wardrove no ue ni shagamu koto ni nari masu "
"it will be squatting on top of the wardrobe"
「そして、あなたがあなたの不正な利益をポケットに入れるとき、それはあなたを見るでしょう」
" soshite 、 anata ga anata no fusei nani rieki wa pocket ni ireru toki 、 sore wa anata wa miru desho u "
"and it'll watch you as you pocket your ill-gotten gains"
「おやすみなさいお母さん、おやすみなさいお父さん」
" oyasuminasai okaasan 、 oyasuminasai otosan "
"good night mother, good night father"
ホワイト夫人もすぐに寝ました
white fujin mo sugu ni ne mashi ta
Mrs. White soon went to bed too
老人は暗闇の中で一人で座っていた
roujin wa kurayami no naka de ichi hito de suwatsu te iya ta
The old man sat alone in the darkness
彼は死にかけている火を見つめながらしばらく時間を過ごします

kare wa shinikake te iru hi wa mitsume nagara shibaraku jikan wa sugoshi masu
he spend some time gazing at the dying fire
火の中で彼は恐ろしい顔を見ることができました
hi no naka de kare wa osoroshii kao wa miru koto ga deki mashi ta
in the fire he could see horrible faces
彼らは彼らに奇妙な類人猿のようなものを持っていました
karera wa karera ni kimyou nani ruijinen no you nani mono wa motsu te iya mashi ta
they had something strangely ape-like to them
そして彼は驚いて見つめずにはいられませんでした
soshite kare wa odoroi te mitsume zu ni haira re mase nichi deshi ta
and he couldn't help gazing in amazement
しかし、それはすべて少し鮮やかになりすぎました
shikashi 、 sore wa subete sukoshi azayaka ni nari sugi mashi ta
but it all got a little too vivid
不安そうに笑いながら、彼はグラスに手を伸ばした
fuan sou ni warai nagara 、 kare wa glass ni te wa nobashi ta
with an uneasy laugh he reached for the glass
彼は火に水を投げるつもりでした
kare wa hi ni mizu wa nageru tsumori deshi ta
he was going to throw some water on the fire
しかし、彼の手は猿の足に起こりました
shikashi 、 kare no te wa saru no ashi ni okori mashi ta
but his hand happened upon the monkey's paw
小さな震えが彼の背骨を走った
chiisana furue ga kare no sebone wa hashitsu ta
a little shiver ran down his spine
彼はコートで手を拭いた
kare wa court de te wa nugui ta
he wiped his hand on his coat
そして最後に彼もベッドに上がった
soshite saigo ni kare mo bed ni agatsu ta
and finally he also went up to bed

パート2
Part Two

翌朝の冬の太陽の明るさの中で
yokuasa no fuyu no taiyo no akarusa no naka de
In the brightness of the wintry sun the next morning

朝食のテーブルの上に太陽が流れた
choushoku no table no ue ni taiyo ga nagare ta
the sun streamed over the breakfast table

彼は昨夜からの彼の恐れを笑った
kare wa sakuya kara no kare no osore wa waratsu ta
He laughed at his fears from the previous night

部屋には平凡な健康の空気がありました
heya ni wa heibon nani kenkou no kuuki ga ari mashi ta
There was an air of prosaic wholesomeness in the room

ムードは前夜のこの楽観主義を欠いていました
mood wa zenya no kono rakkan shugi wa kai te iya mashi ta
the mood had lacked this optimism on the previous night

汚れた、しわくちゃの小さな足がサイドボードに置かれました
yogore ta 、 shiwakucha no chiisana ashi ga side board ni oka re mashi ta
The dirty, shrivelled little paw was put on the sideboard

足はやや不注意にそこに置かれました
ashi wa yaya fuchuui ni soko ni oka re mashi ta
The paw was put there somewhat carelessly

まるでその美徳に大きな信念がないかのように
marude sono bitoku ni ookina shinnen ga nai ka no you ni
as if there was no great belief in its virtues

「すべての古い兵士は同じだと思います」とホワイト夫人は言いました
" subete no furui heishi wa onaji da to omoi masu " to white fujin wa ii mashi ta
"I suppose all old soldiers are the same," said Mrs. White

「私たちがそのようなナンセンスを聞いていたと思うのは面白いです!」
" watashi tachi ga sono you nani nansense wa kii te iya ta to omou no wa omoshiroi desu ! "
"funny to think we were listening to such nonsense!"

「この頃、どうして願いが叶うのでしょうか?」
" kono koro 、 doushite negai ga kanau no desho u ka ? "
"How could wishes be granted in these days?"

「そして、お父さん、どうして200ポンドがあなたを傷つけることができますか?」
" soshite 、 otosan 、 doushite 200 pond ga anata wa kizutsukeru koto ga deki masu ka ? "
"And how could two hundred pounds hurt you, father?"

ハーバートはこれについても冗談を言っていました
herbert wa kore nitsuite mo joudan wa itsu te iya mashi ta
Herbert had a joke for this too

「空から頭に落ちるかもしれない」
" kuu kara tou ni ochiru kamo shire nai "
"it might drop on his head from the sky"

しかし、彼の父親はまだそれがすべて面白いとは思っていませんでした
shikashi 、 kare no chichioya wa mada sore ga subete omoshiroi to wa omotsu te iya mase nichi deshi ta
but his father still didn't find it all funny

「モリスは物事が非常に自然に起こったと言った」
" moris wa monogoto ga hijou ni shizen ni okotsu ta to itsu ta "
"Morris said the things happened very naturally"

「あなたが望むなら、あなたはそれを偶然の一致に帰するかもしれません」
" anata ga nozomu nara 、 anata wa sore wa guuzen no itchi ni ki suru ka mo shire mase nichi "
"you might, if you so wished, attribute it to coincidence"

ハーバートはテーブルから立ち上がったが、最後の冗談を言った
herbert wa table kara tachiagatsu ta ga 、 saigo no joudan wa itsu ta
Herbert rose from the table, but made one last joke

まあ、私が戻ってくる前にお金を使い始めないでください
" maa 、 watashi ga modotsu te kuru mae ni okane wa tsukai hajime nai de kudasai "
"Well, don't start spending the money before I come back"

「それがあなたを意地悪で貪欲な男に変えるのではないかと心配しています」
" sore ga anata wa ijiwaru de donyoku nani otoko ni kaeru no de wa

nai ka to shinpai shi te iya masu "
"I'm afraid it'll turn you into a mean, avaricious man"

「そして、私たちはあなたを否認しなければならないでしょう」
" soshite 、 watashi tachi wa anata wa hinin shi nakere ba nara nai desho u "
"and then we shall have to disown you"

彼の母親は笑って彼をドアまで追いかけました
kare no hahaoya wa waratsu te kare wa doa made oikake mashi ta
His mother laughed and followed him to the door

彼女は彼が道を見下ろすのを見ました
kanojo wa kare ga michi wa miorosu no wa mi mashi ta
She watched him down the road

それから彼女は朝食のテーブルに戻った
sorekara kanojo wa choushoku no table ni modotsu ta
then she returned back to the breakfast table

彼女は夫の信憑性を犠牲にしてとても幸せでした
kanojo wa otto no shinhyousei wa gisei ni shi te totemo shiawase deshi ta
she was very happy at the expense of her husband's credulity

しかし、郵便配達員がノックしたとき、彼女はドアに急いで行きました
shikashi 、 yuubin haitatsu in ga nock shi ta toki 、 kanojo wa doa ni isoi de iki mashi ta
but she did hurry to the door when the postman knocked

郵便配達員は仕立て屋から彼女に請求書を持ってきました
yuubin haitatsu in wa shitateya kara kanojo ni seikyuu sho wa motsu te ki mashi ta
the postman had brought her a bill from the tailor

そして彼女は再び猿の足についてコメントしました
soshite kanojo wa futatabi saru no ashi nitsuite comment shi mashi ta
and she did comment about the monkey's paw again

その日の残りは非常に平穏でした
sono nichi no nokori wa hijou ni heion deshi ta
the rest of the day was quite uneventful

ホワイト夫妻は夕食の準備をしていました
white fusai wa yuushoku no junbi wa shi te iya mashi ta
Mr. and Mrs. White were getting ready to have dinner

彼らはハーバートがすぐに戻ってくることを期待していました
karera wa herbert ga sugu ni modotsu te kuru koto wa kitai shi te iya mashi ta
They were expecting Herbert back any minute now

ホワイト夫人は息子について話すようになりました
white fujin wa musuko nitsuite hanasu you ni nari mashi ta
Mrs White got to talking about her son

「彼はもう少し面白い発言をするでしょう」
" kare wa mosukoshi omoshiroi hatsugen wa suru desho u "
"He'll have some more of his funny remarks"

「彼はきっとそうするでしょう」とホワイト氏は言いました
" kare wa kitto sou suru desho u " to white shi wa ii mashi ta
"I'm sure he will," said Mr. White

そして彼はビールを注いだ
soshite kare wa beel wa sosoi da
and he poured himself out some beer

「しかし、冗談はさておき、物は私の手の中で動いた」
" shikashi 、 joudan wa sateoki 、 mono wa watashi no te no naka de ugoi ta "
"but, joking aside, the thing moved in my hand"

「あなたは思った」と老婦人はなだめるように言った
" anata wa omotsu ta " to rou fujin wa nadameru you ni itsu ta
""you thought," said the old lady, soothingly

「私はそれが動いたと言います」ともう一人は答えました
" watashi wa sore ga ugoi ta to ii masu " to mo ichi hito wa kotae mashi ta
"I say it DID move," replied the other

「それについての「考え」はありませんでした」
" sore nitsuite no " kangae " wa ari mase nichi deshi ta "
"There was no 'thought' about it"

「私は...どうしたの?」
" watashi wa ...dou shi ta no ? "
"I was about to... What's the matter?"

彼の妻は返事をしなかった
kare no tsuma wa henji wa shi nakatsu ta
His wife made no reply

彼女は外の男の不思議な動きを見ていた
kanojo wa gai no otoko no fushigi nani ugoki wa mi te iya ta
She was watching the mysterious movements of a man outside

彼は入ろうと決心しようとしているようでした
kare wa hairou to kesshin shiyou to shi te iru you deshi ta
He appeared to be trying to make up his mind to enter

彼女は200ポンドと精神的なつながりを作りました
kanojo wa 200 pond to seishin teki nani tsunagari wa tsukuri mashi ta
she made a mental connection with the two hundred pounds

そして彼女は見知らぬ人がよく服を着ていることに気づきました
soshite kanojo wa mishiranu hito ga yoku fuku wa chaku te iru koto ni kizuki mashi ta
and she noticed that the stranger was well dressed

彼は光沢のある新しさのシルクの帽子をかぶっていました
kare wa koutaku no aru atarashi sa no silk no boushi wa kabutsu te iya mashi ta
He wore a silk hat of glossy newness

彼は門で3回立ち止まった
kare wa mon de 3 kai tachidomatsu ta
Three times he paused at the gate

それから彼は再び立ち去った
sorekara kare wa futatabi tachisatsu ta
Then he walked away again

4回目は門に手を置いた
4 kai me wa mon ni te wa oi ta
The fourth time he stood with his hand on the gate

彼は毅然と門を開けた
kare wa kizen to mon wa ake ta
resolutely, he flung the gate open

そして彼は家に向かって道を歩いた
soshite kare wa ie ni mukatsu te michi wa arui ta
and he walked up the path towards the house

彼女は急いでエプロンの紐を外した
kanojo wa isoi de epron no himo wa hazushi ta
She hurriedly unfastened the strings of her apron

そしてそのエプロンを彼女の椅子のクッションの下に置きます
soshite sono epron wa kanojo no isu no cushion no ge ni oki masu
and put that apron beneath the cushion of her chair

それから彼女は見知らぬ人を入れるためにドアに行きました
sorekara kanojo wa mishiranu hito wa ireru tame ni doa ni iki mashi

ta
then she went to the door to let the stranger in

彼はゆっくりと入り、彼女をひそかに見つめた
kare wa yukkuri to hairi、kanojo wa hisoka ni mitsume ta
He entered slowly, and gazed at her furtively

おばあさんは部屋の外観について謝罪した
obasan wa heya no gaikan nitsuite shazai shi ta
the old lady apologized for the appearance of the room

しかし、彼は夢中になって耳を傾けました
shikashi、kare wa muchu ni natsu te mimi wa katamuke mashi ta
but he listened in a preoccupied fashion

彼女はまた、夫のコートについて謝罪した
kanojo wa mata、otto no court nitsuite shazai shi ta
She also apologized for her husband's coat

彼が通常庭のために予約した衣服
kare ga tsuujou niwa no tame ni yoyaku shi ta ifuku
a garment which he usually reserved for the garden

彼女は彼がなぜ来たのかを言うのを辛抱強く待った
kanojo wa kare ga naze rai ta no ka wa iu no wa shinbouzuyoku matsu ta
She waited patiently for him to say why he had come

しかし、彼は最初は奇妙に沈黙していました
shikashi、kare wa saisho wa kimyou ni chinmoku shi te iya mashi ta
but he was at first strangely silent

「私はあなたのところに来るように頼まれました」と彼はついに言いました
" watashi wa anata no tokoro ni kuru you ni tanoma re mashi ta " to kare wa tsuini ii mashi ta
"I was asked to come to you," he said, at last

彼は身をかがめてズボンから綿を選びました
kare wa mi wa kagame te zubon kara men wa erabi mashi ta
He stooped to pick a piece of cotton from his trousers

「私はマウとメギンズから来ました」
" watashi wa mau to megins kara rai mashi ta "
"I come from Maw and Meggins"

おばあさんは彼の言ったことに驚いた
obasan wa kare no itsu ta koto ni odoroi ta
The old lady was startled by what he had said

「何か問題はありますか?」彼女は息を切らして尋ねました
" nani ka mondai wa ari masu ka ? " kanojo wa iki wa kirashi te tazune mashi ta
"Is anything the matter?" she asked, breathlessly

「ハーバートに何かあったの?」
" herbert ni nani ka atsu ta no ?
"Has anything happened to Herbert?

「それは何ですか?彼に何が起こったのですか?」
" sore wa nani desu ka ?kare ni nani ga okotsu ta no desu ka ? "
"What is it? What happened to him?"

「お母さん、ちょっと待って」と夫は急いで言った
" okaasan 、 chotto matsu te " to otto wa isoi de itsu ta
"wait a little, mother," said her husband, hastily

「座って、結論に飛びつかないでください」
" suwatsu te 、 ketsuron ni tobitsuka nai de kudasai "
"Sit down, and don't jump to conclusions"

「あなたは悪い知らせを持ってこなかった、私は確信している、サー」
" anata wa warui shirase wa motsu te ko nakatsu ta 、 watashi wa kakushin shi te iru 、 sa "
"You've not brought bad news, I'm sure, Sir"

そして彼は見知らぬ人を物憂げに見つめた
soshite kare wa mishiranu hito wa monou ge ni mitsume ta
and he eyed the stranger wistfully

「ごめんなさい...」訪問者を始めました
" gomennasai ... "houmon mono wa hajime mashi ta
"I'm sorry..." began the visitor

「彼は怪我をしていますか?」母親は乱暴に要求しました
" kare wa kega wa shi te iya masu ka ? " hahaoya wa ranbo ni youkyuu shi mashi ta
"Is he hurt?" demanded the mother, wildly

訪問者は同意してお辞儀をしました
houmon mono wa doui shi te ojigi wa shi mashi ta
The visitor bowed in assent

「ひどく傷ついた」と彼は静かに言った
" hidoku kizutsui ta " to kare wa shizuka ni itsu ta
"Badly hurt," he said, quietly

「しかし、彼は何の痛みも感じていません」
" shikashi 、 kare wa nani no itami mo kanji te iya mase nichi "

"but he is not in any pain"
「ああ、神に感謝します!」老婆は言いました
" aa 、 kami ni kansha shi masu ! " rouba wa ii mashi ta
"Oh, thank God!" said the old woman
そして彼女は手を握りしめて祈った
soshite kanojo wa te wa nigiri shime te inotsu ta
and she clasped her hands to pray
「それを神に感謝します!ありがとうございます。
" sore wa kami ni kansha shi masu !arigatou gozai masu .
"Thank God for that! Thank..."
彼女は突然刑を中断した
kanojo wa totsuzen kei wa chuudan shi ta
She broke off her sentence suddenly
保証の不吉な意味が彼女に夜明けしました
hosho no fukitsu nani imi ga kanojo ni yoake shi mashi ta
the sinister meaning of the assurance dawned upon her
彼女は見知らぬ人の顔をそらした
kanojo wa mishiranu hito no kao wa sorashi ta
she looked into the strangers averted face
そして彼女は自分の恐れのひどい確認を見ました
soshite kanojo wa jibun no osore no hidoi kakunin wa mi mashi ta
and she saw the awful confirmation of her fears
彼女は一瞬息を呑んだ
kanojo wa isshun iki wa non da
she caught her breath for a moment
そして彼女は機知に富んだ夫に目を向けました
soshite kanojo wa kichi ni ton da otto ni me wa muke mashi ta
and she turned to her slower-witted husband
彼女は震える古い手を彼の手に置いた
kanojo wa furueru furui te wa kare no te ni oi ta
She laid her trembling old hand upon his hand
部屋には長い沈黙がありました
heya ni wa nagai chinmoku ga ari mashi ta
There was a long silence in the room
ようやく訪問者は低い声で沈黙を破った
yoyaku houmon mono wa hikui koe de chinmoku wa yabutsu ta
finally the visitor broke the silence, in a low voice
「彼は機械に巻き込まれた」
" kare wa kikai ni makikoma re ta "
"He was caught in the machinery"

「機械に巻き込まれた」とホワイト氏は繰り返した
" kikai ni makikoma re ta " to white shi wa kurikaeshi ta
"Caught in the machinery," repeated Mr. White

彼はぼんやりと言葉をつぶやいた
kare wa bonyari to kotoba wa tsubuyai ta
he muttered the words in a dazed fashion

彼はぼんやりと窓の外を見つめていた
kare wa bonyari to mado no gai wa mitsume te iya ta
He sat staring blankly out at the window

彼は妻の手を自分の手で挟んだ
kare wa tsuma no te wa jibun no te de hasan da
he took his wife's hand between his own

彼はそっと訪問者の方を向いた
kare wa sotto houmon mono no hou wa mukai ta
he turned gently towards the visitor

「私たちに残されたのは彼だけでした」
" watashi tachi ni nokosa re ta no wa kare dake deshi ta "
"He was the only one left to us"

「それは難しいです」ともう一人は答えました
" sore wa muzukashii desu " to mo ichi hito wa kotae mashi ta
"It is hard," The other replied

立ち上がって、彼はゆっくりと窓まで歩いた
tachiagatsu te 、 kare wa yukkuri to mado made arui ta
Rising, he walked slowly to the window

「事務所は私に彼らの心からの同情を伝えたいと思っていました」
" jimusho wa watashi ni karera no kokoro kara no doujou wa tsutae tai to omotsu te iya mashi ta "
"The firm wished me to convey their sincere sympathy"

「私たちはあなたが大きな損失を被ったことを認識しています」
" watashi tachi wa anata ga ookina sonshitsu wa kabutsu ta koto wa ninshiki shi te iya masu "
"we recognize that you have suffered a great loss"

しかし、彼は彼らの目を見ることができませんでした
shikashi 、 kare wa karera no me wa miru koto ga deki mase nichi deshi ta
but he was unable to look them in the eyes

「私が彼らのメッセンジャーにすぎないことをあなたが理解

するようにお願いします」
" watashi ga karera no messenger ni sugi nai koto wa anata ga rikai suru you ni onegai shi masu "
"I beg that you will understand I am only their messenger"
「私は彼らが私に与えた命令に従っているだけです」
" watashi wa karera ga watashi ni atae ta meirei ni shitagatsu te iru dake desu "
"I am merely obeying the orders they gave me"
老夫婦からの返事はありませんでした
rou fuufu kara no henji wa ari mase nichi deshi ta
There was no reply from the old couple
老婆の顔は白かった
rouba no kao wa shirokatsu ta
The old woman's face was white
彼女の目はじっと見つめていた
kanojo no me wa jitto mitsume te iya ta
Her eyes were staring
彼女の息は聞こえなかった
kanojo no iki wa kikoe nakatsu ta
Her breath was inaudible
彼女の夫は中距離を見ていました
kanojo no otto wa chuukyori wa mi te iya mashi ta
her husband was looking into some middle distance
「マウとメギンズはすべての責任を否認する」
" mau to megins wa subete no sekinin wa hinin suru "
"Maw and Meggins disclaim all responsibility"
「彼らはまったく責任を認めません」
" karera wa mattaku sekinin wa mitome mase nichi "
"They admit no liability at all"
「しかし、彼らはあなたの息子の奉仕に配慮しています」
" shikashi 、 karera wa anata no musuko no houshi ni hairyo shi te iya masu "
"but they are considerate of your son's services"
「彼らはあなたにいくらかの補償を提示したいと思っています」
" karera wa anata ni ikura ka no hoshou wa teiji shi tai to omotsu te iya masu "
"they wish to present you with some compensation"
ホワイト氏は妻の手を落とした
white shi wa tsuma no te wa otoshi ta

Mr. White dropped his wife's hand
彼は彼が尋ねようとしていたことのために立ち上がった
kare wa kare ga tazuneyo u to shi te iya ta koto no tame ni tachiagatsu ta
he rose to his feet for what he was about to ask
そして彼は彼の訪問者を恐怖の表情で見つめました
soshite kare wa kare no houmon mono wo kyofu no hyoujou de mitsume mashi ta
and he gazed with a look of horror at his visitor
彼の乾いた唇は「いくら?」という言葉を形作りました。
kare no kawai ta kuchibiru wa " ikura ? " toiu kotoba wa katachizukuri mashi ta .
His dry lips shaped the words, "How much?"
「200ポンド」が答えでした
" 200 pond " ga kotae deshi ta
"Two hundred pounds," was the answer
彼の妻は番号を聞いて叫び声を上げた
kare no tsuma wa bango wa kii te sakebigoe wa age ta
his wife gave out a shriek when she heard the number
老人はかすかに微笑んだだけだった
roujin wa kasuka ni hohoen da dake datsu ta
the old man only smiled faintly
彼は目の見えない男のように手を差し出した
kare wa me no mie nai otoko no you ni te wa sashidashi ta
He held out his hands like a sightless man
そして彼は床の無意味な山に落ちました
soshite kare wa yuka no muimi nani yama ni ochi mashi ta
and he dropped into a senseless heap on the floor

パート3
Part Three

巨大な新しい墓地で
kyodai nani atarashii bochi de
In the huge new cemetery

家から2マイル離れたところ
ie kara 2 mairu hanare ta tokoro
two miles away from the house

老人たちは死んだ息子を埋めました
roujin tachi wa shin da musuko wa ume mashi ta
the old people buried their dead son

彼らは一緒に家に戻ってきました
karera wa issho ni ie ni modotsu te ki mashi ta
They came back to their house together

彼らは影と沈黙に浸っていました
karera wa kage to chinmoku ni hitatsu te iya mashi ta
they were steeped in shadow and silence

あっという間に終わってしまいました
attoiumani owatsu te shimai mashi ta
It was all over so quickly

彼らは何が起こったのかをほとんど受け入れることができませんでした
karera wa nani ga okotsu ta no ka wa hotondo ukeireru koto ga deki mase nichi deshi ta
they could hardly take in what had happened

彼らは期待の状態にとどまりました
karera wa kitai no joutai ni todomari mashi ta
They remained in a state of expectation

何か他のことが起こるかのように
nani ka hoka no koto ga okoru ka no you ni
as though of something else was going to happen

この負荷を軽減するための何か他のもの
kono fuka wa keigen suru tame no nani ka hoka no mono
something else, which was to lighten this load

古い心が耐えるには重すぎる負荷
furui kokoro ga taeru ni wa juu sugiru fuka
the load too heavy for old hearts to bear

しかし、何の安堵もなく日々が過ぎました

shikashi 、 nani no ando mo naku nichiodoriji ga sugi mashi ta
But the days passed without any relief

そして期待は辞任に取って代わった
soshite kitai wa jinin ni totsu te kawatsu ta
and expectation gave place to resignation

老人の絶望的な辞任
roujin no zetsubou teki nani jinin
The hopeless resignation of the old

時々それは無関心と誤って呼ばれます
jiodoriji sore wa mu kanshin to ayamatsu te yoba re masu
sometimes it is miscalled apathy

この間、彼らはほとんど言葉を交わしませんでした
konokan 、 karera wa hotondo kotoba wa kawashi mase nichi deshi ta
in this time they hardly exchanged a word

今、彼らは話すことが何もありませんでした
ima 、 karera wa hanasu koto ga nani mo ari mase nichi deshi ta
Now they had nothing to talk about

彼らの日々は疲れから長かった
karera no nichiodoriji wa tsukare kara nagakatsu ta
their days were long, from the weariness

葬儀から約一週間後のことでした
sougi kara yaku ichi shuukan go no koto deshi ta
It was about a week after the funeral

老人は夜に突然目を覚ました
roujin wa yoru ni totsuzen me wa samashi ta
the old man woke suddenly in the night

彼は手を伸ばした
kare wa te wa nobashi ta
He stretched out his hand

彼は自分が一人でベッドにいることに気づきました
kare wa jibun ga ichi hito de bed ni iru koto ni kizuki mashi ta
he found he was alone in bed

部屋は暗闇だった
heya wa kurayami datsu ta
The room was in darkness

落ち着いた泣き声が窓から聞こえてきました
ochitsui ta nakigoe ga mado kara kikoe te ki mashi ta

The sound of subdued weeping came from the window
彼はベッドで身を起こして耳を傾けた
kare wa bed de mi wa okoshi te mimi wa katamuke ta
He raised himself in bed and listened

「戻ってきて」と彼は優しく言った
" modotsu te ki te " to kare wa yasashiku itsu ta
"Come back," he said, tenderly

「あなたは寒くなるでしょう」と彼は彼女に警告した
" anata wa samuku naru desho u " to kare wa kanojo ni keikoku shi ta
"You will be cold," he warned her

「私の息子にとっては寒いです」と老婆は言いました
" watashi no musuko nitotte wa samui desu " to rouba wa ii mashi ta
"It is colder for my son," said the old woman

そして彼女は以前よりもさらに泣いた
soshite kanojo wa izen yori mo sarani nai ta
and she wept even more than before

彼女のすすり泣きの音は彼の耳に消えた
kanojo no susurinaki no on wa kare no mimi ni kie ta
The sound of her sobs died away on his ears

ベッドは暖かくて快適でした
bed wa atatakaku te kaiteki deshi ta
The bed was warm and comfortable

彼の目は睡眠で重かった
kare no me wa suimin de omokatsu ta
His eyes were heavy with sleep

彼は妻からの突然の泣き声が彼を目覚めさせるまで眠りました
kare wa tsuma kara no totsuzen no nakigoe ga kare wa mezame saseru made nemuri mashi ta
he slept until a sudden cry from his wife awoke him

「足!」彼女は激しく叫びました、「猿の足!」
" ashi ! " kanojo wa hageshiku sakebi mashi ta 、 " saru no ashi ! "
"The paw!" she cried wildly, "The monkey's paw!"

彼は驚いてベッドから出た
kare wa odoroi te bed kara de ta
He got out of bed in alarm

「どこ?どこにあるの?」と彼は要求した
" doko ?doko ni aru no ? " to kare wa youkyuu shi ta

"Where? Where is it?" he demanded
「猿の足はどうしたの?」
" saru no ashi wa dou shi ta no ? "
"What's the matter with the monkey's paw?"
彼女は部屋を横切って彼に向かってつまずいた
kanojo wa heya wa yokogitsu te kare ni mukatsu te tsumazui ta
She came stumbling across the room toward him
「猿の足が欲しい」と彼女は静かに言った
" saru no ashi ga hoshii " to kanojo wa shizuka ni itsu ta
"I want the monkey's paw," she said, quietly
「あなたはそれを破壊していませんね?」
" anata wa sore wa hakai shi te iya mase nichi ne ? "
"You've not destroyed it, have you?"
「それはパーラーにあります」と彼は驚嘆して答えました
" sore wa paler ni ari masu " to kare wa kyoutan shi te kotae mashi ta
"It's in the parlour" he replied, marvelling
「なぜ猿の足が欲しいのですか?」
" naze saru no ashi ga hoshii no desu ka ? "
"Why do you want the monkey's paw?"
彼女は同時に泣き笑った
kanojo wa doujini naki waratsu ta
She cried and laughed at the same time
かがんで、彼女は彼の頬にキスをした
kagan de 、 kanojo wa kare no hoo ni kisu wa shi ta
Bending over, she kissed his cheek
「私はそれについて考えただけです」と彼女はヒステリックに言いました。
" watashi wa sore nitsuite kangae ta dake desu " to kanojo wa hysteric ni ii mashi ta .
"I only just thought of it," she said, hysterically.
「なぜ以前は考えなかったのですか?」
" naze izen wa kangae nakatsu ta no desu ka ? "
"Why didn't I think of it before?"
「なぜあなたはそれを考えなかったのですか?」
" naze anata wa sore wa kangae nakatsu ta no desu ka ? "
"Why didn't you think of it?"
「私たちは何を思いつかなかったのですか?」と彼は質問しました

" watashi tachi wa nani wa omoitsuka nakatsu ta no desu ka ? " to kare wa shitsumon shi mashi ta
"what didn't we think of?" he questioned

「他の2つの願い」と彼女は素早く答えました
" hoka no 2 tsu no negai " to kanojo wa subayaku kotae mashi ta
"The other two wishes," she replied, rapidly

「私たちの願いは一つしかありませんでした」
" watashi tachi no negai wa hitotsu shika ari mase nichi deshi ta "
"We've only had one of our wishes"

「それだけでは不十分でしたか?」彼は激しく要求した
" sore dake de wa fujuubun deshi ta ka ? " kare wa hageshiku youkyuu shi ta
"Was that not enough?" he demanded, fiercely

「いいえ」と彼女は勝ち誇ったように叫んだ
" iie " to kanojo wa kachihokotsu ta you ni saken da
"No," she cried, triumphantly

「もう一つ願い事をします」
" mo hitotsu negaigoto wa shi masu "
"we will make one more wish"

「降りて、すぐに手に入れてください」
" ori te 、 sugu ni te ni ire te kudasai "
"Go down and get it quickly"

そして私たちの少年が再び生きていることを願っています
" soshite watashi tachi no shonen ga futatabi iki te iru koto wa negatsu te iya masu "
"and wish our boy alive again"

男はベッドに起き上がった
otoko wa bed ni okiagatsu ta
The man sat up in bed

彼は震える手足から寝具を投げ捨てた
kare wa furueru teashi kara shingu wa nagesute ta
He flung the bedclothes from his quaking limbs

「良い神様、あなたは怒っています!」彼は叫びました
" yoi kamisama 、 anata wa okotsu te iya masu ! " kare wa sakebi mashi ta
"Good God, you are mad!" he cried, aghast

「猿の足を手に入れなさい」と彼女は喘ぎました
" saru no ashi wa te ni ire nasai " to kanojo wa aegi mashi ta
"Get the monkey's paw," she panted

「そして願い事をします。ああ、私の男の子、私の男の子!」

" soshite negaigoto wa shi masu .aa 、 watashi no otokonoko 、 watashi no otokonoko ! "
"and make the wish. Oh, my boy, my boy!"

彼女の夫はマッチを叩き、ろうそくに火をつけました
kanojo no otto wa match wa tataki 、 rousoku ni hi wa tsuke mashi ta
Her husband struck a match and lit the candle

「ベッドに戻りなさい」と彼は不安定に言った
" bed ni modori nasai " to kare wa fuantei ni itsu ta
"Get back to bed," he said, unsteadily

「あなたは自分が何を言っているのかわからない」
" anata wa jibun ga nani wa itsu te iru no ka wakara nai "
"You don't know what you are saying"

「私たちは最初の願いを叶えました」と老婆は熱狂的に言いました
" watashi tachi wa saisho no negai wa kanae mashi ta " to rouba wa nekkyou teki ni ii mashi ta
"We had the first wish granted," said the old woman, feverishly

「なぜ私たちは二度目の願いを叶えることができないのですか?」
" naze watashi tachi wa ni dome no negai wa kanaeru koto ga deki nai no desu ka ? "
"Why can we not get a second wish granted?"

「偶然だ」と老人は口ごもった
" guuzen da " to roujin wa kuchigomotsu ta
"A coincidence," stammered the old man

「行って、それを手に入れて願いなさい」と彼の妻は叫んだ
" itsu te 、 sore wa te ni ire te negai nasai " to kare no tsuma wa saken da
"Go and get it and wish," cried his wife

彼女は興奮して震えていました
kanojo wa koufun shi te furue te iya mashi ta
she was quivering with excitement

老人は振り返って彼女を見ました
roujin wa furikaetsu te kanojo wa mi mashi ta
The old man turned and regarded her

彼の声は震えました、「彼は10日間死んでいます」
kare no koe wa furue mashi ta 、 " kare wa 10 nikkan shin de iya masu "

His voice shook, "He has been dead ten days"

「それに...私はあなたに言わないでしょう...」

" soreni ...watashi wa anata ni iwa nai desho u ... "

"and besides... I would not tell you..."

「しかし、私は彼の服でしか彼を認識できませんでした」

" shikashi 、 watashi wa kare no fuku de shika kare wa ninshiki deki mase nichi deshi ta "

"but, I could only recognize him by his clothing"

「彼はあなたが見るにはあまりにもひどかった」

" kare wa anata ga miru ni wa amarini mo hidokatsu ta "

"he was too terrible for you to see"

「どうやって彼はそれから連れ戻されるのでしょうか?」

" dou yatsu te kare wa sore kara tsure modosa reru no desho u ka ? "

"how could he be brought back from that?"

「彼を連れ戻してください」と老婆は叫びました

" kare wa tsure modoshi te kudasai " to rouba wa sakebi mashi ta

"Bring him back," cried the old woman

彼女は彼をドアに向かって引きずった

kanojo wa kare wa doa ni mukatsu te hiki zutsu ta

She dragged him toward the door

「私が育てた子供を恐れていると思いますか?」

" watashi ga sodate ta kodomo wa osore te iru to omoi masu ka ? "

"Do you think I fear the child I nursed?"

彼は暗闇の中で降りた

kare wa kurayami no naka de ori ta

He went down in the darkness

彼は台所への道を感じました

kare wa daidokoro he no michi wa kanji mashi ta

he felt his way to the kitchen

それから彼はマントルピースに行きました

sorekara kare wa mantorpees ni iki mashi ta

Then he went to the mantelpiece

お守りはその場所にありました

omamori wa sono basho ni ari mashi ta

The talisman was in its place

彼は恐ろしい恐怖に打ち負かされました

kare wa osoroshii kyofu ni uchi makasa re mashi ta

he was overcome by a horrible fear

彼の願いがうまくいくという恐れ

kare no negai ga umaku iku toiu osore
the fear that his wish would work
彼の願いは彼の切断された息子を連れ戻すでしょう
kare no negai wa kare no setsudan sa re ta musuko wa zuremodosu deshou
his wish would bring his mutilated son back
彼はドアの方向を見失っていた
kare wa doa no houkou wa miushinatsu te iya ta
he had lost the direction of the door
しかし、彼は再び息を呑んだ
shikashi 、 kare wa futatabi iki wa non da
but he caught his breath again
彼の額は汗で冷たかった
kare no gaku wa ase de tsumetakatsu ta
His brow was cold with sweat
彼の妻の顔さえ変わったようでした
kare no tsuma no kao sae kawatsu ta you deshi ta
Even his wife's face seemed changed
彼女の顔は白くて期待していた
kanojo no kao wa shiroku te kitai shi te iya ta
her face was white and expectant
それは不自然な表情をしているようでした
sore wa fushizen nani hyoujou wa shi te iru you deshi ta
it seemed to have an unnatural look upon it
彼は彼女を恐れていた
kare wa kanojo wa osore te iya ta
he was afraid of her
「願い!」彼女は強い声で叫びました
" negai ! " kanojo wa tsuyoi koe de sakebi mashi ta
"Wish!" she cried, in a strong voice
「それは愚かで邪悪です」と彼はたじろいだ
" sore wa oroka de jaaku desu " to kare wa tajiroi da
"It is foolish and wicked," he faltered
「願い!」と妻は繰り返した
" negai ! " to tsuma wa kurikaeshi ta
"Wish!" repeated his wife
彼は足を持って手を上げた
kare wa ashi wa motsu te te wa age ta
He held the paw and raised his hand
「息子が再び生き返ることを願っている」

" musuko ga futatabi ikikaeru koto wa negatsu te iru "
"I wish my son alive again"

お守りは床に落ちた
omamori wa yuka ni ochi ta
The talisman fell to the floor

彼はそれを恐ろしく見ました
kare wa sore wa osoroshiku mi mashi ta
He regarded it fearfully

それから彼は震えながら椅子に沈んだ
sorekara kare wa furue nagara isu ni shizun da
Then he sank trembling into a chair

老婆は燃えるような目で窓に歩いた
rouba wa moeru you nani me de mado ni arui ta
The old woman, with burning eyes, walked to the window

彼女はブラインドを上げて外を覗き込んだ
kanojo wa brind wa age te gai wa nozoki kon da
she raised the blinds and peered out

老婆は窓際に動かずに立っていた
rouba wa madogiwa ni ugoka zu ni tatsu te iya ta
the old woman stood motionless at the window

彼は寒さで冷えるまで座っていました
kare wa samu sa de hieru made suwatsu te iya mashi ta
he sat until he was chilled with the cold

時折彼は妻をちらっと見た
tokiori kare wa tsuma wa chiratto mi ta
occasionally he glanced at his wife

ろうそくの端は縁の下で燃えていました
rousoku no tan wa en no ge de moe te iya mashi ta
The candle-end had burned below the rim

炎は壁に脈動する影を投げました
hono wa heki ni myakudou suru kage wa nage mashi ta
the flame threw pulsating shadows on the walls

他のものよりも大きなちらつきで、それは消えました
hoka no mono yori mo ookina chira tsukide 、 sore wa kie mashi ta
with a flicker larger than the rest, it went out

老人は言葉では言い表せない安堵感を感じた
roujin wa kotoba de wa ii arawase nai ando kan wa kanji ta
The old man felt an unspeakable sense of relief

お守りは彼の願いを叶えることができませんでした

omamori wa kare no negai wa kanaeru koto ga deki mase nichi deshi ta
the talisman had failed to grand his wish

それで、老人は彼のベッドに忍び寄りました
sorede 、 roujin wa kare no bed ni shinobiyori mashi ta
so, the old man crept back to his bed

1、2分後、老婆が彼に加わった
1 、 2 pun go 、 rouba ga kare ni kuwawatsu ta
A minute or two afterwards the old woman joined him

彼女は静かにそして無関心に彼のそばに身を横たえた
kanojo wa shizuka ni soshite mu kanshin ni kare no soba ni mi wa yokotae ta
she silently and apathetically laid herself beside him

どちらも話しませんでしたが、彼らは静かに横になりました
dochira mo hanashi mase nichi deshi ta ga 、 karera wa shizuka ni yoko ni nari mashi ta
Neither spoke, but they lay silently

彼らは時計の時を刻むのを聞いた
karera wa tokei no ji wa kizamu no wa kii ta
they listened to the ticking of the clock

彼らは階段のきしみ音を聞いた
karera wa kaidan no kishimi on wa kii ta
they heard the creaking of the stairs

そして、きしむネズミが壁を騒々しく駆け抜けました
soshite 、 kishimu nezumi ga heki wa souodorijishiku kakenuke mashi ta
and a squeaky mouse scurried noisily through the wall

彼らの上にぶら下がっている暗闇は抑圧的でした
karera no ue ni burasagatsu te iru kurayami wa yokuatsu teki deshi ta
The darkness hanging over them was oppressive

やがて老人は再び十分な勇気を出しました
yagate roujin wa futatabi juubun nani yuuki wa dashi mashi ta
eventually the old man had enough courage again

彼は立ち上がってマッチの箱を取りました
kare wa tachiagatsu te match no hako wa tori mashi ta
he got up and took the box of matches

マッチを打って、彼はろうそくのために階下に行きました
match wa utsu te 、 kare wa rousoku no tame ni kaika ni iki mashi

ta
Striking a match, he went downstairs for a candle
階段のふもとで試合が行われました
kaidan no fumoto de shiai ga okonawa re mashi ta
At the foot of the stairs the match went out
そして彼は別の試合を打つために一時停止しました
soshite kare wa betsu no shiai wa utsu tame ni ichiji teishi shi mashi ta
and he paused to strike another match
同時にノックがありました
doujini nock ga ari mashi ta
At the same moment there was a knock
ほとんど聞こえないほど静かでステルスなノック
hotondo kikoe nai hodo shizuka de stels nani nock
a knock so quiet and stealthy as to be scarcely audible
ノックは正面玄関から来ました
nock wa shomen genkan kara rai mashi ta
the knock came from the front door
マッチは彼の手から落ちて床にこぼれた
match wa kare no te kara ochi te yuka ni kobore ta
The matches fell from his hand and spilled on the floor
彼は階段で動かずに立っていた
kare wa kaidan de ugoka zu ni tatsu te iya ta
He stood motionless on the stairs
ノックが繰り返されるまで彼の息は止まった
nock ga kurikaesa reru made kare no iki wa tomatsu ta
his breath suspended until the knock was repeated
それから彼は向きを変えて素早く自分の部屋に戻った
sorekara kare wa muki wa kae te subayaku jibun no heya ni modotsu ta
Then he turned and fled swiftly back to his room
そして彼は後ろのドアを閉めた
soshite kare wa ushiro no doa wa shime ta
and he closed the door behind him
3回目のノックが家中に鳴り響きました
3 kai me no nock ga uchijuu ni narihibiki mashi ta
A third knock sounded through the house
「あれは何だ?」老婆は叫んだ
" are wa nani da ? " rouba wa saken da
"What's that?" cried the old woman

「ネズミだ」と老人は震える口調で言った
" nezumi da " to roujin wa furueru kuchou de itsu ta
"A rat," said the old man in shaking tones

「ネズミ、階段で私を通り過ぎた」
" nezumi 、 kaidan de watashi wa toorisugi ta "
"a rat, it ran past me on the stairs"

彼の妻はベッドに起き上がって聞いていました
kare no tsuma wa bed ni okiagatsu te kii te iya mashi ta
His wife sat up in bed, listening

大きなノックが家中に響き渡った
ookina nock ga uchijuu ni hibiki watatsu ta
A loud knock resounded through the house

「ハーバートだ!」彼女は叫んだ、「ハーバートだ!」
" herbert da ! " kanojo wa saken da 、 " herbert da ! "
"It's Herbert!" she screamed, "it's Herbert!"

彼女はドアに駆け寄ったが、彼女の夫はもっと速かった
kanojo wa doa ni kakeyotsu ta ga 、 kanojo no otto wa motto hayakatsu ta
She ran to the door, but her husband was quicker

彼は彼女の腕をつかみ、しっかりと抱きしめた
kare wa kanojo no ude wa tsukami 、 shikkari to daki shime ta
he caught her by the arm and held her tightly

「あなたは何をするつもりですか?」彼はかすれた声でささやきました
" anata wa nani wa suru tsumori desu ka ? " kare wa kasure ta koe de sasayaki mashi ta
"What are you going to do?" he whispered hoarsely

「それは私の男の子です。ハーバートだ!」と彼女は叫んだ
" sore wa watashi no otokonoko desu .herbert da ! " to kanojo wa saken da
"It's my boy; it's Herbert!" she cried

彼女は自由になるために機械的に苦労しました
kanojo wa jiyuu ni naru tame ni kikai teki ni kurou shi mashi ta
she struggled mechanically to break free

「2マイル離れていることを忘れていた」
" 2 mairu hanare te iru koto wa wasure te iya ta "
"I forgot it was two miles away"

「あなたは私を何のために抱いているのですか?」
" anata wa watashi wa nani no tame ni dai te iru no desu ka ? "

"What are you holding me for?"

「行かせてください。私はドアを開けなければなりません」

" ika se te kudasai .watashi wa doa wa ake nakere ba nari mase nichi "

"Let me go. I must open the door"

「神のためにそれを入れないでください」と老人は震えながら叫びました

" kami no tame ni sore wa ire nai de kudasai " to roujin wa furue nagara sakebi mashi ta

"For God's sake don't let it in," cried the old man, trembling

「あなたは自分の息子を恐れています」と彼女はもがきながら泣きました

" anata wa jibun no musuko wa osore te iya masu " to kanojo wa mogaki nagara naki mashi ta

"You're afraid of your own son," she cried, struggling

行かせてください。私は来ます、ハーバート、私は来ます

" ika se te kudasai .watashi wa rai masu 、 herbert 、 watashi wa rai masu "

"Let me go. I'm coming, Herbert, I'm coming"

別のノックがあり、別のノックがありました

betsu no nock ga ari 、 betsu no nock ga ari mashi ta

There was another knock, and another

突然の動きで老婆は自由になった

totsuzen no ugoki de rouba wa jiyuu ni natsu ta

with a sudden movement the old woman broke free

そして彼女は部屋を飛び出した

soshite kanojo wa heya wa tobidashi ta

and she ran out of the room

彼女の夫は彼女を踊り場まで追いかけた

kanojo no otto wa kanojo wa odoriba made oikake ta

Her husband followed her to the landing

彼女が階下に急いでいるとき、彼は彼女を魅力的に呼びました

kanojo ga kaika ni isoi de iru toki 、 kare wa kanojo wa miryoku teki ni yobi mashi ta

he called after her appealingly as she hurried downstairs

彼はドアの鎖がガタガタと音を立てるのを聞いた

kare wa doa no sa ga gatagata to on wa tateru no wa kii ta

He heard the chain of the door rattle back

老婆の声、緊張して喘ぐ
rouba no koe 、 kinchou shi te aegu
the old woman's voice, strained and panting

「ドアの掛け金」彼女は大声で叫んだ
" doa no kakekin " kanojo wa oogoe de saken da
"The latch of the door" she cried, loudly

「降りてきて、届かない」
" ori te ki te 、 todoka nai "
"Come down, I can't reach it"

しかし、彼女の夫は彼の手と膝の上にいました
shikashi 、 kanojo no otto wa kare no te to hiza no ue ni iya mashi ta
But her husband was on his hands and knees

彼は床を乱暴に手探りしていた
kare wa yuka wa ranbo ni tesaguri shi te iya ta
he was groping wildly on the floor

彼は必死に足を探していました
kare wa hisshi ni ashi wa sagashi te iya mashi ta
he was frantically searching for the paw

外のものが入る前に彼がそれを見つけることができれば
gai no mono ga hairu mae ni kare ga sore wa mitsukeru koto ga dekire ba
If he could only find it before the thing outside got in

ノックの完璧な騒ぎが家中に響き渡った
nock no kanpeki nani sawagi ga uchijuu ni hibiki watatsu ta
A perfect fusillade of knocks reverberated through the house

彼は椅子のこすり声を聞いた
kare wa isu no kosuri koe wa kii ta
He heard the scraping of a chair

彼の妻は椅子をドアに立てかけていました
kare no tsuma wa isu wa doa ni tatekake te iya mashi ta
his wife had put the chair against the door

彼はボルトのきしみ音を聞いた
kare wa bolt no kishimi on wa kii ta
He heard the creaking of the bolt

同時に彼は猿の足を見つけました
doujini kare wa saru no ashi wa mitsuke mashi ta
At the same moment he found the monkey's paw

必死に彼は3番目で最後の願いを吸いました

hisshi ni kare wa dai3 de saigo no negai wa sui mashi ta
frantically he breathed his third and last wish

ノックが突然止まった
nock ga totsuzen tomatsu ta
The knocking ceased suddenly

しかし、その反響はまだ家の中にありました
shikashi 、 sono hankyou wa mada ie no naka ni ari mashi ta
but the echoes of it were still in the house

彼は椅子が引き戻されるのを聞いた
kare wa isu ga hikimodosa reru no wa kii ta
He heard the chair being pulled back

そして彼はドアが開かれるのを聞いた
soshite kare wa doa ga hiraka reru no wa kii ta
and he heard the door being opened

冷たい風が階段を駆け上がった
tsumetai kaze ga kaidan wa kake agatsu ta
A cold wind rushed up the staircase

そして、失望の長い大きな叫び声が風に続いた
soshite 、 shitsubou no nagai ookina sakebigoe ga kaze ni tsudzui ta
and a long loud wail of disappointment followed the wind

それは彼に彼女の側に駆け下りる勇気を与えました
sore wa kare ni kanojo no gawa ni kake oriru yuuki wa atae mashi ta
it gave him courage to run down to her side

それから彼は家の門に走った
sorekara kare wa ie no mon ni hashitsu ta
Then he ran to the gate of the house

静かで人けのない道路に街灯がちらつきました
shizuka de hito ke no nai douro ni gaitou ga chiratsuki mashi ta
The street lamp flickered on a quiet and deserted road

最後です
saigo desu
The End

www.tranzlaty.com

www.ingramcontent.com/pod-product-compliance
Lightning Source LLC
Chambersburg PA
CBHW011954090526
44591CB00020B/2767